Cet ouvrage peu connu paraît être sorti d'une plume d'une main protestante. Tout semble appuyer cette opinion, le led. [?] d'impression la personne à qui l'ouvrage est dédié = l'affectation du Graveur de ne point mettre de croix sur les clochers, &c. &c. au surplus les vers sont mauvais & les gravures assez bonnes.

EMBLEMES,
OV DEVISES
CHRESTIENNES,

COMPOSEES PAR DAMOISELLE
GEORGETTE DE MONTENAY.

A LA ROCHELLE
Par Iean Dinet.

M. DC. XX.

A TRES-ILLVSTRE
ET VERTVEVSE
PRINCESSE,

MADAME IEANNE D'ALBRET,
Reyne de Nauarre, GEORGETTE DE
MONTENAY humble salut.

N rougissant, voire & tremblant de crainte
De ne pouuoir venir à mon atteinte,
Ie prin en main la plume pour escrire
Ce que ne peux assez penser ne dire:
Dont me voy pres d'vne iuste reprise,
Si ie poursuy si hauteine entreprise,
De commencer & ne parfaire point.
Il est meilleur de ne s'en mesler point,
Dira quelcun plus que moy auisé:
Mais bon vouloir n'est iamais m'esprisé,
Combien qu'il soit tant seulement vtile
Lors que l'effect luy est rendu facile.
Regardant donc ma foible petitesse,

a 2   Et

Et l'approchant de la haute hautesse,
De voz vertus, (ô Princesse bien nee)
Ie per le cœur, ma Muse est estonnee,
Combien que i'ay la plume encor en main.
Mais pour tel fait trauailleroit en vain:
Car beaucoup moins voz vertus immortelles
Pourrois nombrer que du ciel les estoilles.
Par force donc suis contrainte me taire,
Pour n'estre pas ditte trop temeraire,
Laissant traitter voz vertus magnifiques
Aux excellens poetes angeliques,
Qui toutesfois n'ont pas meilleur vouloir:
Mais trop ie sen debile mon pouuoir.
Ce neantmoins tant que vi ue serai,
Par mes escrits en vers confesserai
Que l'immortel de vous faisant son temple
Vous façonna pour estre à tous exemple,
Et vrai pourtraict de son image saincte
Que lon contemple en reuerence & crainte.
Il n'a voulu d'vn seul don vous pouruoir,
En vous faisant Reine de grand pouuoir,
Acquerir los, voire plus haut qu'en terre:
Mais a rempli vostre vase de terre,

De

De ses tresors en nombre non nombrable:
Et c'est ceci que ie tient admirable,
Recognoissant ce qui en vous reluit
N'estre de vous, ains de Dieu qui y mit
Une foy viue qu'en vous il a plantee,
Pour par icelle en son fils estre antee,
Comme le fruicts en rendent tesmoignage,
Quand auez fait que maint bon personnage
Est recuilli doucement en voz terres,
Et les Chrestiens receuez de bon vueil.
C'est au seul Christ que faites tel acueil.
Car quand les Rois ne les peuuent souffrir,
Vous leurs venez biens & païs offrir,
Voire à celuy lequel à Christ s'auoue,
Sans s'espargner. Donc force est que i'auoüe
Que l'Eternel en vous a fait merueille.
Dames ouyez, chascune se reueille
Pour contempler en ioye & en liesse,
Les faits de Dieu enuers vne princesse.
Ueuillez de cueur ses graces recognoistre,
Et ainsi qu'elle il vous fera renaitre
En saincteté, iustice, & cueur humain.
Car tous ces dons sont tousiours en sa main

a 3   Pour

Pour sur les siens par son fils les espandre.
D'autre costé ne vous faut rien attendre.
Ce n'est qu'abus, mensonge, tromperies,
Où nous auons trop noz ames nourries.
Ne souffrez plus, damoiselles gentiles,
L'esprit rené vaquer à choses viles:
Ains employez l'à mediter les faits,
Et faire escrits de cil qui nous a faits,
Et qui nous veut à luy par Christ vnir,
Si nous voulons à luy par foy venir.
Or quant à moy (Princesse) i'ay courage
Vous presenter ce mien petit ouurage:
Et craindrois fort deuant vous l'approcher
S'il vous plaisoit le voir & eplucher
Au grand midi de vostre œil clair-voyant,
Soit demy clos plustost humiliant,
Pour regarder chose si mal limee,
Mal à propos & sottement rimee.
Encor à vous les fautes paroistront
Qu'au plus beau iour autres ne cognoistront.
Vostre bonté mon imperfection
Couure, en prenant ma bonne affection.
Car si i'enten qu'y ayez pris plaisir,

Lors

Lors sentiray m'accroitre le desir,
De trauailler à quelque autre œuure faire
Qui vous pourra plus que ceste-ci plaire,
Que i'entrepren non par temerité,
Mais pour fuir maudite oisiueté,
Qui de tout vice est la droite nourrice.
Pensant aussi qu'il sera bien propice
A mainte honneste & dame & damoiselle
Touchees au cœur d'amour sainct & de Zele,
Qui le voyans voudront faire de mesmes,
Ou quelqu'autre œuure à leur gré plus qu'Emblé-
Que toutesfois pourront accommoder   (mes:
A leurs maisons, aux meubles s'en aider,
Rememorans tousiours quelque passage
Du saint escrit bien propre à leur vsage,
Dont le Seigneur sera glorifié,
Et cependant quelcun edifié.
Mais quant à vous (las, ma Dame) ie n'ose
Vous dire rien de si petite chose.
Petit, ie dy, ce qui est de ma part:
Grand en cela qui vient d'où le bien part.
Si vous sentez qu'il gratte trop la rongne
A qui a tort, contre Verité grongne,

        a 4   Par

Pardonnez moy: le temps le veut ainsi,
Et verité m'y a contrainte aussi.
Car ce fol monde ignorant se consomme,
Et ne se veut point reueiller nostre homme.
Donques afin que nous le reueillons,
Ces cent pourtraitz seruiront d'aguillons
Pour reueiller la dure lascheté
Des endormis en leur lasciueté.
Alciat feit des Emblémes exquis,
Lesquels voyant de plusieurs requis,
Desir me prit de commencer les miens,
Lesquels ie croy estre premier chrestiens.
Il est besoin chercher de tous costés
De l'appetit pour ces gens degoustés:
L'vn attiré sera par la peinture,
L'autre y ioindra poësie & escriture.
Ce qu'imprimé sera sous vostre nom,
Lui donnera bon bruit & bon renom.
Or tout le but & fin ou i'ay pensé
C'est le desir seul de veoir auancé
Du fils de Dieu le regne florissant,
Et veoir tout peuple à luy obeïssant:
Que Dieu soit tout en tous seul adoré

 Et

Et l'Antechrist des enfers deuoré.
Et vous (ma Dame) en qui tout bien abonde,
Miroir luisant & perle de ce monde,
Qui me daignez faire si grand honneur,
Que receuoir ce mien petit labeur,
Combien que soit de voz grandeurs indigne,
Est de l'honneur & seruice le signe
Que ie vous doy, & preten de vous rendre
Toutes les fois qu'il vous plaira le prendre.
Ie ne puis rien augmenter par priere
Vostre grandeur & vertu singuliere.
Vous deuez donc en toute obeissance
Vous contenter de Christ, qui iouissance
De ses tresors vous a voulu donner,
Lesquelz n'auez voulu abandonner.
Je requier donc pour fin de ce propos,
Qu'apres voz iours entriez au vrai repos.

  Vostre treshumble & tresobeissante
  Subiette, vraye & fidele seruante
   Que de nommer honte n'ay,
  GEORGETTE DE MONTENAY.

Aux Lecteurs.

Amis lecteurs, ie ne prendray grand peine
Pour excuser ma rude & sotte veine,
Sachant que ceux qui ont cœur vertueux
Ne me voudront estre si rigoureux
De n'excuser le sexe feminin,
D'un cœur courtois, & d'un vouloir benin.
Mais ceux qui sont plus amis d'ignorance
Que de vertu & de vraye science,
Ie voy desia de cœurs enuenimez
Ietter sur moy leurs charbons allumez.
Mais i'ay espoir, que leurs brocards & rage
Ne me feront aucun mal ny dommage,
Et ne pourra leur malice engarder
Le simple & doux de lire & regarder:
Voire en notant d'esprit gentil & fin
De chasqu'Emblesme & le but & la fin.
Ce qu'ayant veu, il luy sera notoire
Que ie ne quier que du seul Dieu la gloire.
Ie say aussi que plusieurs voudront faire
Ainsi qu'aucuns, desquels ne me vueil taire,
Qui vont ouïr, ce disent-ils, le presche,

Mais

Mais plustost vont lâcher leur langue fresche,
Pour dechiffrer l'vn l'autre à qui mieux mieux.
L'vn dit ainsi, Le prescheur clost les yeux,
L'autre les ouure, ou fait semblant de choir,
L'autre dit bien, mais il crache au mouchoir.
L'vn bransle trop le col, l'autre la main.
Pour telles gens lon se trauaille en vain,
Le sainct parler ne leur bat que l'oreille,
Endurcissant leurs cœurs gros à merueille.
Je m'atten bien que de mesme feront
Quand ces chrestiens Emblémes ils liront.
Comme desia i'ay veu en ma presence,
Que, sans auoir egard à la sentence,
L'vn vne mine ou quelque chappeau note
Qui seroit mieux faict à la huguenotte :
L'autre me dit, que pour vray amour feindre,
Ne le deuois en ceste sorte peindre.
J'y consen bien : mais cestui ancien
Tiendra ce lieu tant qu'aye veu le sien.
Ie l'enquis bien de quelqu'autre maniere :
Mais sa responsse est encores derriere.
Ie say qu'aucuns entre les anciens
Ont figuré amour par des liens :

      b 2 Mais

Mais en ceci il n'eust pas conuenu,
Puis que tout est par amour soustenu.
Il faut qu'il ait mains pour tout soustenir:
Non pas qu'il falę à tel erreur venir,
Dire que Dieu ait mains, ni corps aussi.
Dieu est esprit qu'on ne peut peindre icy.
Ce vray amour, ou charité en somme,
Que Dieu aussi saint Jean proprement nomme,
C'est cestui-là duquel i'enten parler,
Non Cupido qu'on veut faire voler.
Cest amour tient le monde en sa puissance
Et conduit tout par sa grand' prouidence.
Or volontiers prendray correction
Des vertueux pour l'imperfection
Qu'en ce liuret & autres œuures miennes
Se trouueront, fors des œuures chrestiennes
Qui bon accord auront & conuenance
Aux liures saincts, de Dieu la sapience.
Je ne pensois quand i'entreprin d'escrire,
Que iusqu'à vous il paruinst pour le lire:
Ains seulement estoit pour ma maison:
Mais on me dit que ce n'estoit raison,
Ainsi cacher le talent du Seigneur

          Qui

Qui m'en estoit tresliberal donneur.
Ainsi conclu, crainte chasser à part,
Et vous en faire à tous comme à moy part:
Vous suppliant, si rien vous y trouuez
Qui ne soit bon, que ne le receuez,
Et m'excuser en fin. Or pour à Dieu
Prenez le bon, donnez la gloire à Dieu.

A MADAMOISELLE GEORGETTE
de Montenay, Autheur du Liure, son humble
seruiteur Salut.

De l'Eternel le veuil non content seulement,
De t'auoir (ô Georgette) assez abondamment,
Orné & enrichi de ses dons precieux,
Et des graces lesquelles on voit aux vertueux:
Pource faire cognoistre ici bas en tout lieu
Aux Chrestiens Zelateurs de la gloire de Dieu,
Il a voulu & veut, cent emblémes Chrestiens
Estre mis en lumiere: tu les peux dire tiens:
Tiens, ie di, pource que l'inuention est tienne:
Laquelle, en les lisant, on cognoistra Chrestienne:
En cela plus louable, & aussi l'inuenteur,
Que non du fabuleux & la fable & l'auteur,
Comme lon veit iadis à l'embléme ancien,
Duquel & la figure & le sens n'auoit rien
De Chrestien dedans soy. Ceux donques qui liront
Ce Chrestien liure ici, l'Eternel beniront,
Ton Zele loueront, & pourront prendre enuie
D'ainsi faire, & de suiure ce qui mene à la vie.

           P. D. C.

EMBLE'ME CHRESTIEN 1

Voyez comment ceste Reine s'efforce
De cœur non feinct d'auancer l'edifice
Du temple sainct, pour de toute sa force
Loger vertu, & dechasser tout vice.
Notons que Dieu la rend ainsi propice,
Afin qu'il soit glorifié en elle:
Et qu'on soit prompt (ainsi qu'elle) au seruice
Dont le loyer est la vie eternelle.

        c Cest

EMBLE'ME CHRESTIEN 2

Cest homme vif s'est bien peu à mort mettre:
Ores est mort. qu'il se face reuiure.
Adam pecha, & ne se peut remettre
En pureté: ains eut à peché suyure.
Ainsi nous tous, tant que Christ nous deliure,
Enfans d'Adam, tousiours souillés serions:
Serfs de peché, par lequel nous mourrions.
Hors Christ n'a rien, qui dure mort ne liure.

Pource

Pource que tant eſlongnés de Dieu ſommes,
Qu'impoſsible eſt à nous de l'aprocher,
Naiſtre il a fait ſon fils ſemblable aux hommes,
Fors qu'il eſt net, & exempt de pecher.
Qui ſe veut donc de peché depeſcher,
Et de Satan fuir la ſeruitude,
S'en vienne à Chriſt pour ſa ſoif eſtancher:
Car nous puiſons tous de ſa plenitude.

Le

EMBLE'ME CHRESTIEN 4

Le Fils de Dieu seul iuste & tout parfait,
Nous a son ioug doucement presenté:
Mais cest ingrat, qui conte n'en a fait,
S'est d'vn tel bien par orgueil absenté.
Puis donc qu'ailleurs n'est vie, ne santé,
Qui monstrera que Dieu luy ait fait tort,
Si le rebelle en sa temerité
S'est trouué pris du licol de la mort?

Comme

Comme le fer s'esleue par l'aymant,
L'homme est de Dieu par Christ tiré aussi.
Ne soit donc pas rien de soy presumant :
Car rien n'y a de sa nature icy.
Christ vray aymant en haut l'esleue ainsi,
Non sa vertu, ny œuure, ny merite.
Ce qui est sien, c'est mal qui Dieu irrite.
Bref, il n'a rien que par grace & merci.

       d Ceste

Ceste foy haute & surpassant le Monde
Est pour monstrer qu'elle est victorieuse
Sus iceluy, quoy qu'en malice abonde.
Je say que c'est chose fort ennuyeuse
Que suporter la rage furieuse
Du monde ingrat, Satan & nostre chair:
Mais puis que foy en a victoire heureuse
(Par Jesus Christ) rien ne nous doit facher.

Ce feu, non feu, fondé dessus vn songe,
Soufflé de loups d'habits simples couuers,
Où ces corbeaux aportent leur mensonge,
S'en va esteinct. Car par tout l'vniuers
Les abus sont presque tous descouuers.
Le sang coulant pur de l'arbre de vie
Suffit pour tous purger & mettre à vie,
Et rendre mort ce feu feinct des peruers.

EMBLE'ME CHRESTIEN

La foy en Christ est celle mesme pierre
Sur laquelle est basti tout l'edifice
Du temple sainct, comme dit Christ à Pierre:
C'est celle aussi par qui auons iustice,
Qui à beaux fruicts produire est si propice,
Que d'elle sort ceste viue esperance,
Puis charité dont part en abondance
Toute bonne œuure ennemie de vice.

De

De ceste foy sort vne Toúsiours-viue,
Monstrant par là n'estre point chose morte,
Ce n'est pas foy celle qu'on voit oysiue,
Et qui beaux fruicts en sa saison n'apporte.
Sainct Iaques donc accorde en ceste sorte
Auec Sainct Paul, que la foy iustifie:
Rien de iustice à l'œuure ne rapporte.
L'œuure est peché sans la foy, ne t'y fie.

e   *Nulle*

EMBLEME CHRESTIEN 10

Nulle rigueur, tempeſte ny orage,
N'ont offenſé ceſte haute eſperance,
Mais la terreſtre a receu grand dommage:
Ainſi ſera touſiours la recompenſe
De l'homme fol, qui a ſa confiance
Aux princes grands, ou meſme en ſa vertu.
Mais qui en Dieu mettra ſon aſſeurance,
Il ne ſera confondu n'abatu.

Du

Du grand peril des vens & de la mer,
Cest homme a bien cognoissance tresclaire,
Et ne craind point de se voir abismer,
Puisque son Dieu l'adresse et luy esclaire.
Nul qui en Dieu remet tout son affaire,
Ne se verra despourueu de secours.
Mais cestui-la qui fera le contraire,
Sera confus par son propre recours.

EMBLEME CHRESTIEN

Ce pelerin peu à peu s'achemine
Pour arriuer à la cité celeste,
Et n'a regret qu'autre que luy domine
Ses champs, chasteaux, & que rien ne luy reste.
Voicy qui fait que rien ne le moleste,
Considerant que maison permanente
N'auons ça bas, mais bien mortelle peste,
A tous qui n'ont plus haut mis leur attente.

C'est

Cest homme icy prest à tumber en bas
Et se froisser, aumoins en apparence,
Monte tousiours, & rasseure son pas,
Sachant que Dieu le soustient d'asseurance.
Que tout Chrestien donc prie en confiance
Dieu, qu'il le tienne, & ne le laisse point.
Car s'il nous laisse, il n'y a esperance
D'aucun salut iusqu'à vn petit poinct.

f   A cest

EMBLE'ME CHRESTIEN 14

A cest archer insensé sembloit bien
Qu'à chef viendroit de la chose entreprinse:
Mais sur l'enclume il ne proufite rien,
Pleignant trop tard la peine qu'il a prinse.
Les ennemis de Christ & son Eglise
Lairront ainsi arc, flesches & escu:
Car trop vaine est toute leur entreprinse.
Le fils de Dieu ne peut estre vaincu.

Com

Comme les pots se sechent au soleil,
Aussi les cœurs des peruers s'endurcissent,
Oyans la voix & le diuin conseil
De Dieu, qui veut qu'à luy se conuertissent.
Il les appelle, & ils aneantissent
Tant qu'en eux est, de Dieu la verité.
Confessent donc maintenant qu'ils perissent
Tresiustement par incredulité.

La

EMBLEME CHRESTIEN

La Corneille a en ſoy ceſte fineſſe,
De monter haut pour ſa noix mieux caſſer
Deſſus la pierre en plus grande rudeſſe.
Ainſi Dieu laiſſe aucuns peruers hauſſer,
Pour tout à coup les deſrompre & froiſſer
Plus grieuement, à fin qu'il ſoit notoire
Que tout orgueil luy ſeul ſait abaiſſer,
Et ce voyant qu'on luy en donne gloire.

Ce

EMBLEME CHRESTIEN 17

Ce regimbeur contre les éperons
Nul tant que luy en ce faisant offense.
Par tel miroir monstrer nous esperons
Combien l'inique est loing de ce qu'il pense.
Pour maintenir ce qui farcit sa panse,
Voudroit troubler tous les quatre elemens
Encontre Christ: mais pour sa recompense
Ne s'est acquis que peines & tormens.

g C'est

Cest ignorant ne cognoissant son mal,
Vouloit tirer de tous yeux le festu,
Ne voyant pas en soy le principal:
Mais par ce bois Dieu luy dit, que fais tu?
Qui de tout vice & mal es abatu,
Et neantmoins veux autruy corriger?
Corrige toy: sinon seras batu.
Qui n'a vertu, ne peut autruy renger.

Cest

Cest homme fort prent tout son passetemps,
Et met sa force à ce monde presser:
La mort le trompe, & coupe auant le temps
Tous ses cordeaux, luy faisant tout laisser.
Princes & Rois ont bien dequoy penser
Qu'vn Roy tresfort & tresiuste est leur maistre,
Qui sait & peut leurs desseins renuerser,
Et son secours aux siens faire cognoistre.

Le

Le Prince vieil, ignare & non sauant,
Qui n'a de soy aucune experience,
Sus voix d'autruy son peuple va iugeant,
Sans que du faict ait nulle cognoissance.
Tel Prince on peut nommer, sans qu'on l'offence,
De son conseil non chef, ains trompeteur,
Qui de la loy du vray Dieu se dispense,
Pour estre veu de ses serfs seruiteur.

Par

Par main d'autruy la lampe veut esteindre
Ce Chahuan, qui hait toute lumiere,
Pour puis apres à boire l'huile atteindre,
Sans qu'on le puisse au iour chasser arriere.
Or l'Antechrist cuide en ceste maniere
Esteindre aussi par Rois le fleurissant
Regne de Christ, clarté viue & entiere,
Pour deuorer puis apres l'innocent.

h Simp

Simple ignorance aucuns encor' excusent,
Mais ceste-cy crasse & malitieuse,
Crasse la dy, de ce mot duquel vsent
Les anciens, pour la rendre odieuse.
Des apostats est ceste vitieuse
Le vray pourtraict. Car pour remplir leur panse,
Reiettans Christ, font sa voix tenebreuse,
Souillans le monde & eux par leur bobance.

Les

EMBLE'ME CHRESTIEN

Les pionniers du monde mesprisez,
Ont tant sapé ceste grand' forteresse
De Babylon, & ses appuis brisez,
Qu'elle va cheoir, pour petit que la presse
Le vent d'enhaut, qui contre elle se dresse.
Sortez enfans, voicy le feu qui vient
Pour consumer elle & qui la soustient,
Sans que iamais en nul temps se redresse.

Le

Le cheual maigre, en quelque part qu'il aille
Ne trouue point de la mouche allegeance,
Et le meschant, combien quil se trauaille,
Ne peut fuir la tresiuste vengeance
De Dieu sur luy, par folle outrecuidance:
En tous lieux donc il se sent poursuyui:
Mais plus qu'ailleurs dedans sa conscience.
Le mal voulut, & le mal l'a suyui.

La

EMBLÉME CHRESTIEN 25

La langue aux mains & le cœur loing derriere.
D'Hipocrisie est la droite peinture,
Elle seduit par sa douce maniere,
Et rit mordant la simple creature.
Or Christ apprent en la saincte escriture
Que rien ne sert la langue sans le cœur,
Dont l'hipocrite a poure couuerture.
Dieu clair-voyant rend moqué le moqueur.

i Ce

Ce Philisthin s'est par orgueil armé,
Et veut tirer contre simple Innocence:
Mais Dieu a fait son traict enuenimé
Tourner sur luy, brisant son arrogance.
O beau miroir aux yeux de nostre France!
Pour contempler du grand Dieu des hauts cieux
Le prompt secours, la iustice & puissance,
Qui garde l'humble, & abat l'orgueilleux.

De

De toutes gens est la nature telle
Qu'ils ont le cœur à ce qu'ils aiment mieux,
Dont cestuy-ci dedans une escarcelle
Appartient bien à l'auaricieux.
Or le Chrestien a mis le sien aux cieux:
Car son thresor est là, & tout son bien,
Où le larron, la rouille & l'enuieux
N'ont tel pouuoir qu'en ce val terrien.

Ces

Ces fiers lions vn agneau ia tout grand
Auoyent rauy, s'en cuidans bien repaistre,
Mais son berger, la bride leur tirant,
Les empescha de la dent sur luy mettre.
Ainsi t'a fait le grand Pasteur & maistre
Desia deux fois, ô Prince debonnaire.
Ne sois ingrat, mais fay à tous cognoistre
Que tu le sers d'vn cœur tresuolontaire.

Voicy

Voicy qui fait d'vn seul cœur deux offrandes:
Faisant partagé entre Dieu & le diable.
O toy Chrestien, Dieu veut que tu entendes
Qu'il est ialoux, & n'est point supportable
De te souiller en chose abominable:
Car tu ne peux seruir à deux seigneurs.
Or Dieu veut tout. car, n'estant partissable,
Des hommes veut & les corps & les cœurs.

       k Le

Le cœur du Roy est en la main de Dieu,
Qui le conduit selon son bon plaisir.
Se plaindre donc du Roy, n'a point de lieu.
La cause en nous plustost deuons choisir,
Quand ne l'auons selon nostre desir.
France, à ton Roy vieil de sens, ieune d'aage,
Un regne heureux Christ donne & le loisir
De se monstrer treschrestien preux & sage.

Ie

Je ne tien point cas fotuits les maux
Qu'on void souuent assaillir la personne:
Car l'affligé doit dire en tous assaux,
C'est toy, Seigneur, donc point ie ne m'estonne.
Au cœur Chrestien la foy cecy raisonne
Que Dieu fait tout par sa grand' prouidence.
L'exemple auons en Job, saincte personne,
Tresbeau miroir de vraye patience.

Ces

Ces poings liez en vne volonté
Sont pour monstrer l'vnion qui doit estre
Entre Chrestiens en saincte charité,
Ensuyuant Christ leur seul patron & maistre.
Telle vnion des siens nous fait cognoistre
Ainsi qu'il dit, & la dilection
Accomplit tout. qui veut donc en haut estre,
Cherche la paix, fuye dissention.

La

EMBLÉME CHRESTIEN 33.

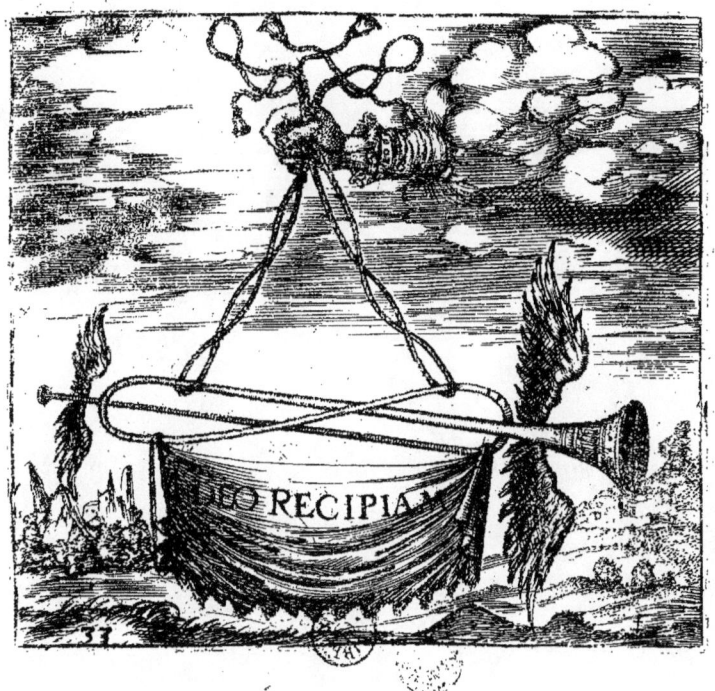

La main qui tient ceste trompe volante,
Veut figurer la bonne renommee
Qui volé ainsi qu'vne trompe sonante,
D'où la personne est bien ou mal nommee.
Celle qui est sur toutes estimee,
Doit bien garder à orgueil donner lieu.
Car d'elle n'est ce qu'elle n'est blasmee.
Le bon renom n'est dailleurs que de Dieu.

        l   Cest

EMBLEME CHRESTIEN 34

Cest homme monstre vn cœur beau d'apparence
Et par dedans en porte vn tout infect:
Ce mal est bien plus grand que l'on ne pense.
Car autruy trompe, & soymesme defait,
Et Dieu qui seul descouure tout son faict
Luy a donné sa malediction.
Or prions donc ce bon Dieu seul parfaict
Qu'il nous en donne vn net sans fiction.

Son

Son deuoir fait de bien sa ligne tendre,
Et ne s'espargne en chaleur ny frescheur,
Si le poisson l'amorce ne veut prendre,
Coulpable n'est l'engin ny le pescheur.
Ainsi est il du fidele prescheur,
Il tend vous prendre à Dieu par la parole:
Mais le cœur dur de l'obstiné pecheur
Se destournant, la tient comme friuole.

Le

EMBLE'ME CHRESTIEN 36

Le clair soleil ny la torche en la main
A vn aueugle en rien n'est proufitable,
Le liure ouuert aussi tient il en vain:
Car il ne sait si c'est mensonge ou fable.
Cecy vous soit donques à tous notable,
Qu'à l'œil obscur tout est obscurité.
L'ignorant donc ne doit estre croyable:
Car il ne voit goutte à la verité.

Cc

Ce phantastiq a dequoy sustenter
Ses appetits, s'ils estoyent raisonnables:
Mais comme fol s'ayme mieux contenter
De viures peincts, plaisans, non profitables.
On void tels cas auiourd'hui deplorables,
En maints gentils & sublimes espris,
Qui se paissans de mensonges & fables
La verité solide ont en mespris.

m　　Ce

Ce charretier monstre, à sa contenance,
Auoir le cœur ailleurs qu'au labourage.
Le regarder derriere desauance,
Comme a veu Lot en sa femme mal-sage.
Celuy auoit vn semblable courage,
Qui dit, Je vueil, pere, en ta vigne aller,
Et n'y alla. Voyla quel est l'vsage
Du mondain sage en son dissimuler.

De

De tous costez de ronces & d'espines
Ce poure Lis se void enuironné:
Mais la vertu de ses viues racines
L'entretient vif & de blancheur orné:
Ainsi est-il du troupeau deux-fois-né
Viuant à Dieu, & pressé des bastards:
Lesquels ayant leur Dieu abandonné
Comme l'espine à la fin seront ars.

Voyant

Voyant liurer l'assaut iournellement,
Il est besoin de s'armer de prudence,
Ainsi qu'auons de Christ enseignement,
Qui est seul chef, & nostre sapience.
Quand le serpent void le bras qui s'auance
Pour le meurtrir, & que sa vie y pend,
N'a de son corps, ains du chef souuenance.
Aprenons donc prudence du serpent.

Un

EMBLÉME CHRESTIEN

Vn bel exemple auons en la coleuure,
Laquelle laisse au hallier sa peau dure,
A celle fin qu'vne neuue recœuure.
Ostons ainsi auec sa pourriture
Du vieil Adam la peruerse nature,
Pour au second estre nais & refaicts:
Car du premier nous n'auons rien qu'ordure,
Mais au second sommes rendus parfaicts.

Ce pot bouillant s'enfle, & si haut escume,
Qu'en retombant sa liqueur il respand:
Ainsi en prent à celuy qui presume
Par trop de soy, & qui plus haut s'estend,
En oubliant que de Dieu il depend,
Et non d'ailleurs. Donc il faut qu'orgueil cesse.
Car cestuy-là, qui sans Dieu va grimpant,
Tombera bas en douleur & tristesse.

         Tous

Tous appelez sont bien par ceste cloche,
Et toutesfois n'y vont tous qu'elle appelle.
Ce n'est raison pourtant qu'elle ayt reproche:
Car elle fait tout ce qui est en elle.
L'Euangile est de condition telle,
Qui à salut tout le monde conuie:
Mais nul ne veut paruenir iusqu'à elle,
Fors ceux que Dieu a choisis à la vie.

Sur

Sur un corps mort & puante charongne
Les aigles ont le sens de s'assembler
Pour vie auoir, & n'en ont point vergongne.
C'est beau miroir pour les cœurs enflamber
De tous Chrestiens, non pour leur ressembler:
Car au corps mort n'a rien pour le fidele,
Mais au corps vif qui les veut rassembler
Pour les nourrir à la vie eternelle.

Par

EMBLEME CHRESTIEN 45

Par vray amour tout l'Vniuers est faict,
Et par luy seul tout est entretenu,
Par luy außi tout conduict & parfaict,
Et de luy seul außi tout soustenu.
Qui à ceci cognoistre est paruenu,
En admirant ceste bonté diuine,
Reiettera ce fol qu'on bande nu,
Cause de mal, & de toute ruine.

o Celuy

EMBLE'ME CHRESTIEN 46

Celuy qui a ia monté la montagne,
A ceux qui sont en bas tende la main.
Qui est instruit de Dieu, son frere enseigne.
Coulante soit la foy de main en main.
Souuienne toy que Christ est si humain,
Qu'il nous a faits tous enfans de son pere,
Et qu'il punit le cœur lache inhumain.
(Toy conuerty) conferme aussi ton frere.

Comme

Comme la ronce, enfuyant sa nature,
Va derechef racine en terre prendre,
Tout homme aussi, terrestre creature,
Ne peut de soy plus haut qu'en terre tendre:
Combien que Dieu assez luy face entendre
Que d'icy bas ne vient rien que martyre:
Mais au bien est l'esprit si foible & tendre,
Que la chair forte en bas tousiours le tire.

Le

EMBLE'ME CHRESTIEN 48

Le loup, l'agneau, le lion furieux
Paisiblement repairent tous ensemble.
Le Juif, le Grec, le doux, le vicieux,
Au vray repas Dieu par Christ tous rassemble:
Au cœur Chrestien estrange point ne semble
Qu'unis soyons renez par l'Euangile.
D'vn tel accord Satan estonné tremble:
Mais nous sauons qu'à Dieu tout est facile.

L'hom

EMBLÉME CHRESTIEN 49

L'homme endurcy, par son orgueil deceu,
Dit que son œuure au ciel le iustifie.
O fol, qu'as tu que tu n'ayes receu?
Si l'as receu, donc ne t'en glorifie,
Et à cela, qui n'est rien, ne te fie.
Car à celuy semblable ie te voy,
Qui ne croit rien, & à tous certifie
Le monde auoir esté creé par soy.

p   Si

Si d'un bon vin quelcun s'est enyuré,
Faut-il pourtant que la vigne on arrache?
Le sainct Escrit seul bon, droit, iuste & vray
Faut-il oster pource qu'aux malins fâche?
Non: mais plusieurs ont eu le cœur si lâche
De regreter que le col n'eust rompu
Sainct Paul tombé, par ce qu'au vray la tâche
Il monstre au doigt que couurir ilz n'ont peu.
                                              Voicy

Voicy qui est troussee sur ses reins,
Voulant par là monstrer sa diligence.
Chandelles a brulantes en ses mains,
Les opposant à l'obscure ignorance.
Elle n'a point auec elle accointance.
Ains veut veiller en attendant son maistre.
Veillons aussi, & chassons nonchalance,
Le maistre vient, & ia se fait paroistre.

L'Euang

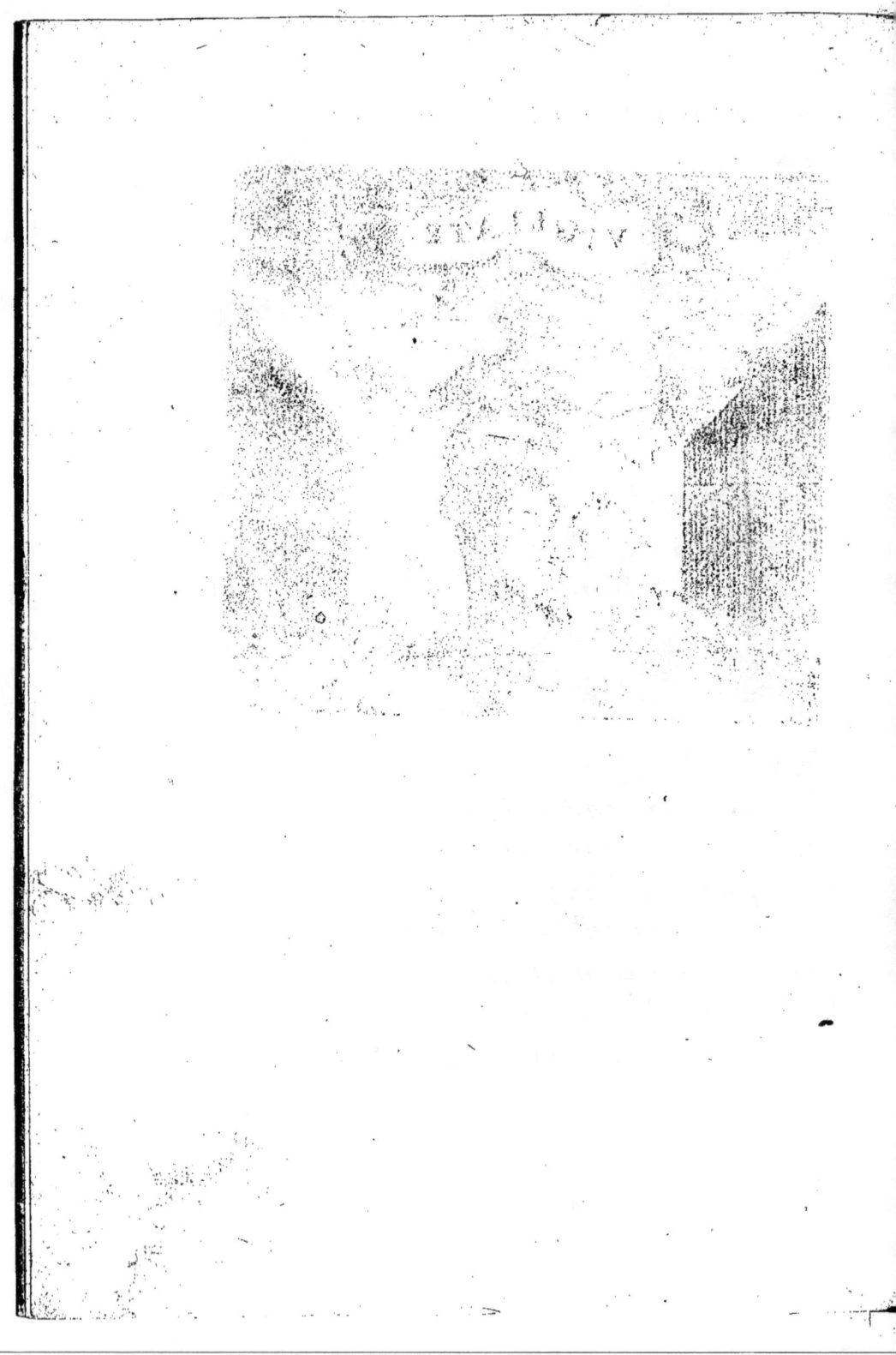

L'Euangile est comme feu estimé.
Car aussi tost que lon va le preschant,
Le monde en est tout soudain allumé.
Mais cela vient de la part du meschant.
Ce feu brulant, glaiue à double trenchant,
De tous costez viuement coupe & brule.
De l'vne part purge l'or & l'argent,
D'autre il consume & la paille & l'estule.

L'omb

L'ombre fuyuant en toutes pars son corps,
Est le patron d'vn amy contrefaict.
Car le flateur a langue à tous accords
Iusques au temps que son cas est parfaict.
Soit bien, soit mal, il tient tout pour bien faict.
Mais l'amy vray au mal point ne consent.
Heureux qui a en Dieu amy de faict.
Sur tout les grands ont tel thresor absent.

q   Ce

EMBLE'ME CHRESTIEN. 54

Ce qui estoit pour nourriture tue,
Comme voyez ceste belle chandele.
Ainsi en prend à cestuy-la qui mue
La verité de Dieu, par sa cautele,
Bonne de soy : mais est par l'infidele
Souuent tournee à sa damnation:
Et au croyant donne vie eternele,
Lequel la tient au cœur sans fiction.

Voicy

EMBLE'ME CHRESTIEN

Voicy qui veut que preud'homme on le pense,
Pour son habit, monstrant simplicité.
Verité caché, & n'y a apparence
Qu'en son soleil ait rien qu'obscurité.
Ainsi en vain d'auoir Christ s'est vanté
Tout mal viuant, se nourrissant en vice:
Christ vray soleil n'est iamais sans clarté.
Où est la foy, tousiours suit la iustice.

Ce

EMBLEME CHRESTIEN

NEMO DVOBVS

Ce gros lourdaut courbé deſſouz ſa charge
Treine à ſes pieds la loy de Dieu ſans honte:
D'humaines loix tout ainſi lon ſe charge,
Cuidant que Dieu reçoit le tout par compte:
Du droict diuin cependant ne fait compte,
Où il deuroit pluſtoſt ſalut chercher.
Tel fardeau donc luy tourne à mort & honte,
En ignorant Jeſus-Chriſt & ſa chair.

EMBLÉME CHRESTIEN 57

Si Jesus-Christ n'eust esclairé nostre ombre,
Comme cestuy, nous serions endormis,
Et reputez d'entre les morts au nombre:
Mais de sa grac' il ne l'a point permis.
Puis qu'il nous a hors de tenebres mis,
Et donné foy pour à luy nous conduire.
Prions tousiours que n'y soyons remis,
Et que sur nous sa clarté face luire.

         r Cest

Cest arbre grand & puissant est rompu
Au souffle seul du vent plus que luy fort:
Mais l'arbrisseau ainsi briser n'a peu,
Qui s'est ployé souz vn si grand effort.
Humilité apporte grand confort.
Orgueil ne fait qu'attirer mal & perte.
L'humble tousiours aura de Dieu support.
De l'arrogant la ruine est aperte.

En

En contemplant ceste femme, voyez
Que charité est vne œuure excellente.
Qui dit, J'ay foy, sans charité, croyez
Que faussement d'estre Chrestien se vante.
Charité (dy-ie) de foy viue naissante:
Non celle-la d'vn Turc, ou infidele.
Car c'est peché, quoy qu'elle soit duisante,
A tout Chrestien qui n'attent salut d'elle.

Cest

EMBLEME CHRESTIEN

Cest homme icy, selon qu'il s'achemine,
Monstre qu'il veut à vertu paruenir,
Marchant en mer, la roche brise, & mine
Pour son chemin applanir & vnir.
Celuy qui veut iusques à Christ venir,
Doit tout ainsi par actes vertueux
S'acheminer, & de foy se munir,
Pour rendre aisé ce roc tant perilleux.

Au

EMBLEME CHRESTIEN 61

Au bras qui tient de sa main la coignee,
De droit est deu de ce beau coup l'honneur,
Quoy qu'à couper ne se soit espargnee.
De soy n'auoit ny force ny vigueur,
Ne l'homme aussi, sinon par le Seigneur.
Où sera donc de l'homme le merite?
En Dieu, qui est sa force & enseigneur.
Qui le preuient & à bien faire inuite.

s   L'arb

EMBLE'ME CHRESTIEN

L'arbre on cognoit volontiers par le fruict
Bon ou mauuais, c'en est le tesmoignage.
Et l'homme aussi par l'œuure qu'il produit,
Tant contrefaict que soit le sien langage.
De Christ mettant la sentence en vsage,
L'arbre mauuais il faut au pié couper,
Et mettre au feu. Ainsi l'homme mal sage
Et endurci, par droit faut extirper.

C'est

EMBLE'ME CHRESTIEN 63

C'est innocent mettant son cœur à Dieu,
N'a nul souci de toute autre richesse:
En luy aussi presomption n'a lieu:
Car haut au ciel est toute sa liesse.
Plusieurs icy errent par leur rudesse,
Prenans les sots pour les poures d'esprit.
Sage est celuy qui renonce & qui laisse
Le monde & soy, pour estre riche en Christ.

Non

Non pas en soy faut que se glorifie,
Mais en son Dieu, cil qui le porte au cœur,
Qui le reforme, enseigne & mortifie,
Pour le conioindre à son fils seul Seigneur.
L'homme à qui Dieu aura fait cest honneur
De le choisir pour en faire son temple,
Fuye tous lieux remplis de deshonneur,
Qu'induict ne soit à mal par tel exemple.

Adam

Adam pensoit estre fort bien caché,
Quand il se meit ainsi souz le figuier.
Mais il n'y a cachetté où le peché
Aux yeux de Dieu se puisse desnier.
Se vante donc, qui voudra s'oublier,
Que Dieu ne void des hommes la meschance.
Je croy qu'à rien ne sert tout ce mestier,
Qu'à se donner à tout peché licence.

t On

On tire bien des espines poignantes
Rose tresbonne & pleine de beauté.
Des reprouuez, & leurs œuures meschantes
Dieu tire aussi du bien par sa bonté,
Faisant seruir leur fausse volonté
A sa grand' gloire & salut des esleuz,
Et par iustice, ainsi qu'a decreté,
Dieu fait tout bien: que nul n'en doute plus.

Feu

Feu, glaiue, mer, maint chien malicieux,
De tous costés les iustes enuironne.
Rien il n'y a en ce monde enuieux
Qui auec dueil ce torment ne leur donne:
Mais de la foy l'œil voyant la couronne
A eux promise apres l'affliction,
Auec sainct Paul trouuent la guide bonne,
Qui meine à Christ, nostre saluation.

Ce

EMBLE'ME CHRESTIEN 68

Ce vase plein de toute iniquité,
La beste aussi & celle qu'elle porte,
Ont si tresfort refroidi charité
Par leur poison, qu'on la tenoit pour morte:
Mais vne chose y a, qui nous conforte,
C'est que prochain est Christ, où elle abonde.
Ja sa clarté nous apparoit si forte,
Qu'elle destruit les tenebres du monde.

La

La foy qui fait vn iuste d'vn meschant,
En le rendant d'infidele fidele,
N'a rien trouué en luy, tout bien cherchant,
Qui n'attirast sur luy mort eternelle:
De sa nature estoit à Dieu rebelle.
Donc ne pouuoit satisfaire à la loy:
Mais maintenant par Christ a grace telle
Que iuste il plait à Dieu, & vit de foy.

v La

La paix en vraye union fraternelle
Ne peut autruy, ne Dieu mesme offenser.
Dieu fait pardon, & sa promesse est telle,
A qui est prompt à pardon s'auancer,
Comme ceux-cy que voyez s'embrasser,
Ains qu'à la nuict le iour quitte son lieu.
Celuy qui plus laisse haine embraser,
N'accomplit point la iustice de Dieu.

De

EMBLE'ME CHRESTIEN 71

De tout son cœur le veau d'or elle adore
Ceste affamee & source de tout vice,
Qui des humains ames & cœurs deuore
Par deux attraits & subtile malice.
Or qu'idolatrie, au vray, soit auarice,
Sainct Paul le dit: dont l'auaricieux
Du ciel ne peut voir l'entree propice:
Car ses thresors ont aueuglé ses yeux.

Satan.

EMBLEME CHRESTIEN

Satan a fait & fait tous ses efforts
De supprimer & cacher Verité,
Pour nous tirer auec ses liens forts
Aux creux manoirs remplis d'obscurité:
Mais du Seigneur la diuine bonté
L'a eleuee, & si haut mise en monstre,
Que voyons clair Satan precipité,
Et ses suppoz, qui ont tant hurté contre.

Que

EMBLÊME CHRESTIÊN

PRVNAS ENIM CONGREGABIS.

Que faites vous plus que les peagers,
Si vous aymez seulement voz amis?
Pource, dit Christ aux hommes mensongers,
Aimez de cœur non feinct voz ennemis:
Secourez les aux perilz où sont mis.
Car leur offrant viure & tout bien honneste,
Embraserez aux haineux ennemis
Charbons de feu allumés sur leur teste.

x Ces

Ces pots sont faits par vn mesme potier,
Grands & petits, selon sa volonté,
L'vn à honneur, l'autre à autre mestier
De mesme argile en simplesse & bonté:
Or si quelcun estoit si effronté,
Que d'estriuer encontre son facteur,
De le briser est en sa liberté.
Soit donc chacun humble à son createur.

Pour

EMBLEME CHRESTIEN

Pour bien de soy voir la laideur, ou tache,
Cest homme auoit miroir propre & luisant:
Mais comme fol contre la clarté crache:
En lieu d'y voir il le va mesprisant.
Au monde auons miroir tressufisant,
Pour nous monstrer clairemēt qui nous sommes,
Et la grandeur de ce Dieu tout-puissant,
Mais tenebreux le rend l'orgueil des hommes.

Ce

EMBLE'ME CHRESTIEN 76

Ce sot laissant la tresuiue fonteine
Se caue vn puits, qui l'eau ne peut tenir,
Dont tout le mieux qui lui puisse venir,
C'est que son temps il pert auec sa peine.
Ainsi pour vray l'entreprinse est tresuaine
De ceux qui vont hors Christ chercher recours.
Christ est la source & la vraye fonteine.
Lui seul est tout, d'autre n'auons secours.
L'hom

EMBLÊME CHRESTIEN

L'homme qui tient tousiours son cœur au monde,
Soy-mesme enterré en la fosse qu'il cure,
Et n'en sent rien, car en bombance abonde:
Mais asses tost en payera l'vsure.
Satan le tient lié de chainé obscure,
Ployant son col que haut il ne regarde,
Tant que la fosse ait sa droitte mesure,
Lors tombera qu'il ne s'en donra garde.

Le mal qui est de long temps amassé
Se vient en fin reduire en apostume,
Puis estant meur & du doigt fort pressé,
Vuide dehors, mais non sans amertume.
Ainsi le vice assemblé par coustume
Dedans le cœur, n'en sort pas aisement,
S'il n'est pressé du doigt vif, qui alume
Le sentiment d'amour ou iugement.

Tout

EMBLE'ME CHRESTIEN 79

Tout homme en soy est si lâche & debile,
Qu'il a besoin d'estre appuyé d'enhaut.
Moise estoit sainct homme & bien habile,
Mais au besoin autre force luy faut.
Or pour pourvoir à cestuy sien defaut,
Fut soustenu, & sur la pierre mis:
Lors Israel veinquit l'ennemi caut.
Fondés sur Christ veincrons tous ennemis.

Dieu

EMBLEME CHRESTIEN 80

Dieu qui promet refondre nostre escume,
Ostant ce plomb au bon metail contraire,
Monstre qui est cestuy-la qui presume
Ouurer de soy rien qui luy seust complaire:
Car puis qu'il faut le refondre & refaire,
Voire conuient estre nay derechef,
On voit asses quell' œuure lon peut faire
Sans auoir foy, qui nous conioint au chef.

Non

EMBLEME CHRESTIEN 81

Non sans raison le Seigneur attribue
Beatitude à qui est net de cœur:
Mais notez bien que d'en haut distribue
L'eau qui le laue ostant tache & laideur.
Ce lauement est l'esprit du Seigneur
Au sang de Christ, qui seul nous regenere,
Reforme, & fait que sommes bonne odeur
A Dieu par Christ, ce qui autre n'eust peu faire.

Si

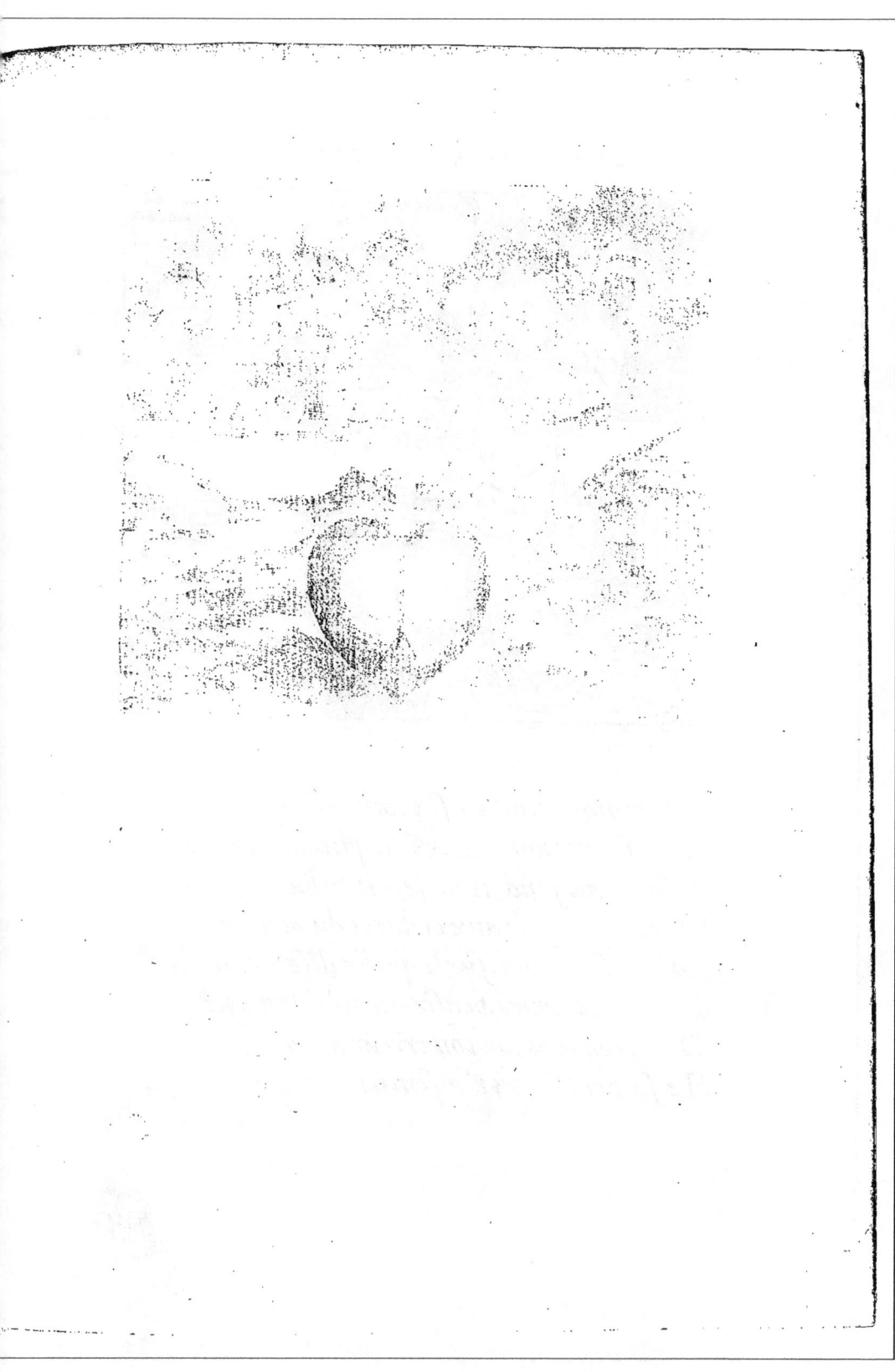

EMBLE'ME CHRESTIEN 82

Si l'homme estoit en soy tout resolu
Que Dieu voit tout, & les plus fins cœurs sonde
Jusques au fond, il ne seroit pollu
Par tant de fois aux ordures du monde.
Mais sa raison, sur laquelle il se fonde,
Lui dit tousiours, penses-tu qu'il le voye?
O fol, ton sens, où ton erreur abonde,
Te fait entrer où n'a sentier ne voye.

On

EMBLE'ME CHRESTIEN 83

On voit assés combien grandes alarmes
Satan, le monde, ont iusqu'ici liurez
A tous Chrestiens : mais comme bons gendarmes
Resistez forts par foy : car deliurez
Serez bien tost de ces fols enyurez
Du sang des saincts, qui crie à Dieu vengeance :
Ainsi par foy Christ, vostre chef, suyurez.
Voyci, il vient : courage en patience.

Comme

EMBLE'ME CHRESTIEN 84

Comme la poule assemble sous ses ailes
Les poulets siens, du Milan les gardant,
Ainsi aussi le Seigneur des fideles,
De l'Antechrist leur ennemi mordant.
Le Chrestien soit à ceci entendant,
Que si ailleurs il cherche seureté,
Cuidant fuir, il tombe sous la dent
De l'ennemi par sa temerité.

Comme

EMBLEME CHRESTIEN

Comme d'oiseaux les cages sont remplies,
Ainsi aussi les maisons des peruers,
D'iniquitez, fraudes, fureurs, folies,
Remplies sont troublans tout l'vniuers.
Ils vont gettans les iustes de trauers
Pour les surprendre & leur porter dommage:
Mais Dieu les tient dessous sa main couuers,
Et tost cherra sur les malins orage.

A Ces

EMBLE'ME CHRESTIEN 86

Ces coupes sont pleines grande & petite,
Et ne pourroient rien tenir dauantage:
L'vne pourtant n'est ne l'autre depite,
Pour se voir moins & à l'autre auantage.
Les saincts aussi au Celeste heritage
Si l'vn a moins, & que l'autre en ait plus,
Sont neantmoins contens de leur partage.
Car remplis sont de gloire tous esleus.

Pour

EMBLE'ME CHRESTIEN

Pour auoir leu longuement l'escriture,
L'homme souuent en vain se glorifie.
Car science enfle: & qui n'a que lecture,
N'a pour cela l'esprit qui viuifie,
Ouure le sens, & le cœur mortifie,
Chassant d'iceux tenebres d'ignorance.
Où est l'esprit, charité edifie.
Où il n'est point, il n'y a qu'arrogance.

Ce

Ce beuf est gras, & pourtant il se fâche
Quand l'aiguillon le pousse à trauailler.
L'homme enrichi à bien faire est si lâche
Qu'il ne vaut rien, si Dieu pour l'esueiller,
Ne vient à poinct quelque coup luy bailler
De l'aiguillon d'affliction poignante,
Pour l'inciter à prier & veiller,
De lâche cœur se part l'ame dolente.

De

EMBLEME CHRESTIEN. 89

De grand desir d'aller bien tost à Dieu,
Cestui se voit presque sorti du monde:
Crainte de mort en son endroit n'a lieu,
Ainsi qu'elle a au cœur sale & immonde.
La mort n'est plus au Chrestien sainct & monde
Qu'un doux passage à conduire à la vie
Et vray repos, où toute grace abonde:
Mais charité modere tell'enuie.

      B Quoy

EMBLE'ME CHRESTIEN 90

Quoy qu'en tout temps l'aumoſne ſoit vtile
Aux ſouffreteux, point ne faut de trompette
A l'annoncer, comme dit l'Euangile.
La Charité de cœur vraye & parfaicte
Ne veut teſmoins de ſon œuure bien faicte.
Car il ſuffit que Dieu bien apperçoit,
Que l'indigent de ton bien a diſette.
Le publiant ſon ſalaire reçoit.

Ceſt

EMBLEME CHRESTIEN

Cest oliuier de nature sauuage,
Pour estre enté en ce bon oliuier,
Ne doit pourtant s'esleuer en courage:
Car de soy n'est venu s'y allier.
Ne vueille donc, Chrestien, tant t'oublier,
Que mespriser quiconque ne s'accorde
Encor à Christ, qui peut l'humilier,
Pour (comme toy) auoir misericorde.

Quand

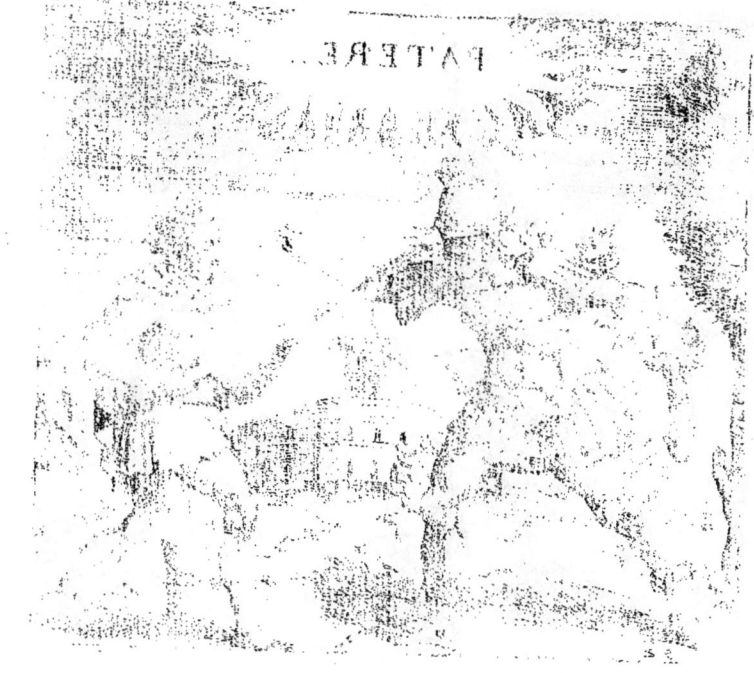

EMBLEME CHRESTIEN

Quand l'homme fol est par ire enflammé
Et vient à tort faire à son frere outrage,
Comment seroit le batu estimé,
De luy bailler à souhait son visage?
Car ce seroit luy accroistre sa rage
Comme le feu en le souflant s'allume.
Qua veut donc Christ de luy en ce passage?
Qu'en patience à peine on s'accoustume.

Rien

EMBLEME CHRESTIEN 93

Rien ne voyons si clair que le Soleil,
Et cestui veut sa clarté augmenter:
Ainsi font ceux vn erreur tout pareil,
Qui osent tant encore se vanter,
Qu'ils ont voulu authorité prester
Aux saints escrits pour les rendre authentiques,
Et du Soleil les forces augmenter:
Mais tel erreur logé en cœurs heretiques.
       C   De

De Dieu la voye est droite & trespolie:
Le iuste y passe, & le meschant trebusche.
Qui fait cela? son orgueil & folie,
Qui d'vn festu fait vne lourde buche,
L'homme endurci les saints escrits espluche,
Non pour desir de gloire à son Dieu rendre,
Mais pour remplir sa sotte coqueluche
De mots obscurs pour l'innocent surprendre.

Qui

EMBLEME CHRESTIEN

SED EX ME.

Qui de soy cuide entendre & bien ouir
La voix de Dieu, n'a rien que fol penser:
Tous sommes sourds, dont ne sauons iouir
Du doux accord qu'en nous veut compasser,
S'il ne luy plaist de son sainct doigt perser
Jusques au fond l'oreille interieure,
Lors l'entendrons & l'orrons sans cesser.
Qui n'a ce don, tousiours sourd il demeure.

Comme

Comme le vent souuent nous bat l'oreille,
Et n'attaint point iusqu'au dedans du cœur,
Ainsi la voix du grand Dieu nompareille
N'a dedans nous ne force ne vigueur,
Si nostre cœur n'est touché du Seigneur,
Pour en chasser toute incredulité:
Et sans l'esprit de Dieu nostre enseigneur,
Nous n'en tirons aucune vtilité.

Quand

EMBLEME CHRESTIEN 97

Quand le figuier met hors son rameau tendre,
Vous cognoissez que prochain est l'esté:
Ainsi deuons semblablement entendre
Ce que par Christ monstré nous a esté.
Nous donc voyans l'Euangile planté,
Les plus meschans conuaincre en toutes sortes,
Ainsi qu'auoit promis la Verité,
Soyons certains que Christ est à noz portes.

                                                       D   Ce

Ce grand vieil Loup & la Louue nuisante
L'homme ne veut abatre seulement,
Mais aussi veut la race si meschante
Des Louueteaux estaindre entierement.
Dieu dit aussi que rigoureusement
Il punira les enfans & la race
De l'homme qui le sien commandement
A en mespris, & ne cherche sa grace.

         Ahau

EMBLEME CHRESTIEN 99

A haute voix de trompe Christ assemble
Des quatre vents à soy tous les Fideles.
Par tout s'entend, dont l'aduersaire tremble:
Car elle adiourne à bref iour les rebeles
A receuoir les peines immortelles:
Et les esleus à la possession
De Christ, des cieux, des ioyes eterneles.
Aux seuls croyans promet saluation.

Par

Par tout on sent les espines poignantes,
Et ne peut nul, fors Dieu, les amortir:
Mais dãs le lict sont plus qu'ailleurs piquãtes:
Car de plus pres elles se font sentir.
Parler en peut, & au vray, sans mentir,
Qui a gousté que vaut affliction:
Mais ceste-ci fait le cœur hors partir,
Quand pour amour on rend oppression.

A la Reine de Nauarre
SONNET.

L'excellent bruit, la renommee heureuse
   Que l'Eternel te donne en terre & cieux,
   Fait de despit creuer tes enuieux:
Mesme Satan de rage impetueuse
Qui voltiger fait la langue menteuse,
   Jettant sur toy ses traits pernicieux.
   Mais Dieu ton Dieu, en bref deuãt tes yeux
T'en vengera de façon merueilleuse.
Console toy donc, ô Reine, au Seigneur,
   Qui de Satan reiette la louange.
   Si le mauuais dit bien du bon, estrange
Est bien tel loz, & tourne à deshonneur.
   Leur blasme aussi te rend en plus d'honneur
   Lumiere en terre, au ciel en gloire d'Ange.

SONNET.

Tant que la veüe en terre tien baissee,
   Soit pres, soit loing, tout m'aporte douleur:
   Tout m'est espine en ce monde, & c'est l'heur
De ceux qui ont Verité embrassee,

                          E   De

De voir ainsi l'innocence oppressee,
  Le cœur deffaut, la chair en a horreur,
  L'esprit se deult du triomphe d'erreur.
  Mais aussi tost que ma veuë a haussee
Le Tout-puissant, vers sa face benigne,
  En transperçant la vouste cristaline,
  Tirant à soy pensee, esprit, & cœur:
Si forte suis par sa force diuine,
  Qu'en moy se voit sus mes picāts vainqueur.
  Ainsi me fait assoir sur mon espine.

❦

Le Tout-puissant est mon fort en tout lieu.
Plus seure suis au milieu de destresse
Que nul guerrier en ville ou forteresse.
En tous assauts ie me repose en Dieu.

❦

A monseigneur de la Caze, Gouuerneur
de Monseigneur le Prince de Nauarre,
sur l'enuoy des six sonnets suyuans.

Si le Soleil ne se souille ne tache,
Quand ses rayons touchent à quelque ordure,
Vostre œil tant clair & vertu ne se fasche,
Lisant les vers de rithme sotte & dure.
Vostre vertu au compas les mesure
De Charité, puis qu'ils sont paruenus
Jusques à vous pour receuoir censure,
Le riche doit la robbe aux poures nuds.

SONNET I.

Ce fut aux iours noircis d'iniquité
  Qu'au haut degré assise estoit malice,
  Que Dieu ça bas enuoya sa iustice
Embrasser foy, & la diuinité,
Prendre & vestir la nostre humanité,
  Pour l'esleuer en purgeant son escume.
  O homme ingrat qui encores presume
Que ton merite attire sa bonté!
Ignores-tu que mort est ton salaire?

             E 2   Sa

Sa charité (sans toy) l'honneur emporte
 Que luy rendons encores auiourd'huy.
Car en tel poinct nostre nuict il esclaire
Par sa parole, & faueur qu'il nous porte,
Qu'il regne en nous, & nous viuons par luy.

SONNET 2.

L'arbre fourchu, qui sa racine mole
 Met contremont comme tombé des cieux,
 Produit son fruict tresagreable aux yeux:
 Mais qui en vse, il se perd & affole.
Le cœur il enfle, & se prend comme cole
 Au poure esprit, qu'il rend si vicieux,
 Aueugle, & sourd, pesant, & paresseux,
 Qu'ainsi surpris s'endort dessous ce pole
Sans nul souci de son bien demander.
 Donc quel remede à tel arbre amender,
 Si qu'estant bon les fruicts semblables rende?
Retranché soit & au plus haut enté
 Au bon fruictier de la saincte cité,
 Sinon le feu eternel le demande.

SONNET 3.

Qui cueult les fruicts de l'arbre qui les donne
   Par chacun an du moins septante fois,
   Pas ne sont ceux que Christ des petis fouets
Chassa du temple. A tels Dieu n'abandonne
Ces fruicts sacrés, n'a l'ingrate personne,
   Auaré, infamé, & contempteur des loix,
   Qui d'un seul cœur fait des pars plus de trois.
Mais ce sont ceux qui d'affection bonne
Leur vie, & bien, grandeur, paix, & vigueur,
   Cherchans en Christ de vie arbre & racine,
   Fleur, fueille, & fruict, cueillēt pour medicine
Basme certain pour oster leur langueur.
   Bref, cil qui veut prosperer en long heur,
   Mange ce fruict, tout autre à mortel signe.

SONNET 4.

Le Createur de toute creature
   A tellement compassé son ouurage,
   Que nul ne peut vsurper dauantage
   Que ce qui est donné à sa nature:
Beste, vollaille, & l'homme en terre dure,

Il a posés comme en propre heritage.
Oyseaux en l'air chantans luy font hommage:
Poissons es eaux trouuent leur nourriture.
Tout comme il peut recognoit son facteur,
Fors l'homme ingrat, ne le voulant cognoistre.
Veut voltiger en l'air sur les oyseaux:
Mais retenu de lourde pesanteur,
Comme vn poisson nageant entre deux eaux,
Confus en soy monstre qu'il cherche maistre.

SONNET 5.

Qui prend la rose en la piquante espine
Sans se piquer, est loüé de prudence.
Qui constamment trauersé en asseurance
Le mal caché sous ceste grand' courtine
Sans se souiller, de double honneur est digne.
Mais vn qui court ayant au poing la lance,
Et pres du but reculle & desauance,
Peut-on auoir d'un plus lâche cœur signe?
Las, que peut-on d'un tel couard penser?
Qu'il a ce fait pour autruy auancer.
On ovt par trop ainsi parler maint homme,
Qui au couuert veut estre dict fidele:
         Mais

Mais cependant contrefait la chandele
Qui en seruant à autruy se consume.

SONNET 6.

Comme le vent poussant par violence,
  L'onde en la mer, luy fait plus embrasser,
  L'ambitieux tant plus veut amasser
  Que presenter on luy peut d'abondance.
Las, pourquoy l'homme en ce poinct ne s'auance
  Au bien que mort ne sauroit offencer?
  Grans dons diuins on void par nous passer,
  Et si petit le nombre qui y pense.
Ne cuidons pas que telle ingratitude
  Ne couure en fin l'homme de turpitude.
  Le trop cuider l'homme si vain deçoit.
Si à propos en la saincte Arche n'entre,
  Sous l'onde noire entrera iusqu'au centre.
  Le fol ne croit iusqu'au iour qu'il reçoit.

EPISTRE SVR LA CON-
SERVATION DV PRE-
SENT LIVRE.

J'Ay veu sous le Soleil cōbatre deux montaignes,
Cheuaux & gens armés tout courir és campaignes:
La pale faim, la peur, la peste, & les tempestes,
Estonner les plus forts, les oyseaux, & les bestes,
Et le bras estendu de Justice diuine,
Frappant sur les humains d'une si fiere mine,
Que le plus mol cheueu de la teste bien faicte
Se herissoit en l'air plus droit qu'une sagette.
L'immobile element & sa blanche ceinture
Ont peu voir lors couuers de vermeille teincture,
Les ruisseaux de pitié distiller goutte à goutte
Des yeux tesmoins du cœur, qui esperance toute
Fiché au roc souuerain, dompteur de toute force,
Qui de ceux est prochain qu'angoisse ou trauail
Cōme tout œil a veu iadis, et voit encore, (force,
Deliurant de sa main le peuple qui l'adore.
Et ne faut rechercher l'histoire Egyptienne:

Asses

Asses de preuue auons beaucoup moins ancienne.
Venons donc à la cause & but de ces combats,
Et qui sont ces montaignes bataillans icy bas.
L'vne la plus superbe a nom Iniquité,
Enflee & orgueilleuse, aduerse à pieté,
Liberale & commune à departir le sien,
Que l'homme fol reçoit comme vn hoste ancien,
Qui l'abat, mange, & tue, auant que le sentir,
Et si ferme son huis pour ne le voir sortir. (che,
L'autre est ardãt amour, d'odeur & fruicts si ri-
Que plus elle enrichit de son bien le plus chiche.
L'vne & l'autre a le don de liberalité:
Chacune ce qu'elle a donne en proprieté:
Mais au profit des dons y a grand' difference.
Car de l'vne les fruicts sont de belle apparence,
Puis les ayant mangés font si aigre dentee
Qu'en pleurãt on maudit l'ente & qui l'a entee.
Ce que l'autre vous donne icy bas à manger,
A quelque peu d'amer: mais il est sans danger.
Car bien gousté qu'il soit, il est si sauorable,
Qu'il rend le mengeur sain à vie perdurable.
Les fruicts du mõt inique ont causé ceste guerre,
Et fait ce mõt ardant des cieux descẽdre en terre

F   Pour

ÆNIGME.

Pour abatre l'orgueil, la rage & dureté
Du mont fumeux d'orgueil, hayne & impureté,
Qui se cognoissant bien sur le poinct de creuer
Rassambloit ses subiets, ne pouuant paix trouuer
En terre, en mer, en soy, en la mort, ou enfer.
Ses eschelles dressoit pour du ciel triompher, (tes,
Quād ce môt embraßāt, nō les neuf sœurs seulet-
Mais tout en tout ça bas sus et sous les planettes,
Entreprit le combat contre l'autre orgueilleux,
Et mal gré nous, pour nous en fut victorieux.
Je dy donc malgré nous, car nostre mal flatant
Courions cōme enragés nous mesmes combatant.
En ce combat mortel le monde accompaignoit
Sous mont de mal, Hidra qui ses testes plaignoit.
Riches, puissans & forts, foibles & courageux
Couroyent sous l'estandart de ce mōstre fangeux,
Fors aucuns, qui cachez estoyent en petit nombre,
Sous le bouclier de Foy, retirés sous son ombre.
La bataille fut fiere, & pire à soustenir.
Ce qui restoit encor de mal à l'aduenir.
A quoy la prouidence & infallible soin
Du pere sur tous bon, suruint à tel besoin,
Enuoyant de son sein, mont d'amour sur la terre,
          Qui

Qui le mont de peché confont, brise & aterre:
Si que tombant en bas creua par le milieu,
Espandāt ses entrailles sur la terre en maint lieu,
Dont ce monde est souillé, qui encore se cache
Sous le manteau obscur qui couure mainte tache.
O que mieux est couuert si bien ie m'en recorde,
Qui est sous le manteau de ta misericorde,
O puissant Eternel!ce que nuict a couuert,
Par le iour la suiuant est soudain descouuert.
Et cela qu'une fois ton manteau a caché,
Comme n'estant n'appert, dont n'est plus reproché.
Or tout ainsi est seur qui se tient sous ta garde,
Soit tout glaiues, & feux, de perir il n'a garde.
Ainsi (petit liuret) qui me tiens en ton sein,
Celui te deliura par sa benigne main,
Duquel chantes le los & annonces la gloire.
Quand mont d'amour ça bas eut si belle victoire,
En sa main estoit lors qu'il te fit desloger
Du pauillon de Mars, & en sainct lieu loger.
Encores te gardoit quand tout autour de toy
La peste enuironnoit, fors l'homme plein de foy,
Qui te prise & cherit nō moins que son ppre œil,
Et qui en te perdant n'eust pas eu moins de dueil

F 2   Que

Que de voir au tombeau emporter pere & mere
Accompaignés de six domestiques. ô pere
Des bienheureux viuans & de ceux que retire
Ta main de ces bas lieux, à cestuy qui souspire,
Vueille enuoyer d'enhaut la Consolation,
Remunerant du tien la saincte affection
Qu'a ce tien seruiteur en l'œuure qui te louë,
Qui manifeste aussi ce que mon cœur te vouë.
Par ton amour tu as toute chose creé,
Tu nous as racheté, nourri & recreé.
Ton amour nous soustiet, nous assiste et deliure.
Par luy reçoy, Seigneur, & mõ ame & mon liure.

LOVANGE A' DIEV.

Amour seul fait tout sans peine,
Commence, conduit, parfait.
Puis donc (liuret) qu'il t'a faict
GAGE D'OR TOT NE TE MEINE.

ÆNIGME.

Vous émerueillez vous comme ie suis si grasse,
Moy qui en mesme instãt en tãt de lieux tracasse,
Que la terre se deult de me tant soustenir,
Sentant prochain le mal qui par moy doit venir
Sur ce monde sotard, qui me suit & adore,
Qui m'engraisse & me susse, enrichit et honnore?
Au repas que ie pren, quoy qu'il semble petit,
Je les deuore tous, & n'en pers l'apetit.
Tousiours suis affamee, & ouuerte ma poche,
Pour engloutir tout vif q pres de moy approche.
Ie les gobe en riant plus subtil que la mouche
Prise du passereau, sans auoir craint la touche.
Mais cependãt sachez qu'à grãs tropeaux i'alai-
D'Epicure les porcs, de ma mamelle infaicte, (cte
Inutile ne suis, si tout on considere.
J'enrichy de l'autruy qui me sert & adere.
Le riche i'appouri, le ventre plat i'engraisse.
L'auare liberal ie ren par ma promesse.
Ie destrui l'orphelin, la vefue ie moleste,
Je gueri de tous maux: mais ie donne la peste.
Mon aleine a ce bien, que qui s'approche d'elle,

ÆNIGME.

Soudain elle empoisonne, & le cœur & ceruelle.
Ie suis la medicine, ou emplastre à tous maux:
A quoy me voulez vous? ie fay tout droit ou faux.
Humide, & seiche suis, grande, petite, & ronde,
Loyalle à vn mary, commune à tout le monde.
Comme vn oignon vestue en yuer & esté,
Ainsi diuerses peaux couurent ma chasteté.
De plusieurs suis haïe & de plusieurs aymee.
Dechiree des vns, des autres estimee.
Aucuns pour me fuir ont quité leurs maisons,
Plus aymant les tormens de diuerses façons,
Voire vne mort cr. elle voulu plustost souffrir,
Qu'un seul honeur me rēdre ou biē petit m'offrir.
Autres me donnēt plus que pour eux ne faudroit,
Ma querelle embrassant, soit à tort, ou à droit.
Mais nul pour mon amour ainsi q̃ pour ma haine
Ne voulut endurer la mort de telle peine.
Le bien qu'ils ont de moy m'ayant biē soustenue,
C'est que de ma beauté peuuent auoir la veuë.
A l'heure du repas & petit proumenoir,
Qu'au matin m'est promis et non iamais au soir.
Ma beauté n'est egale à Heleine de Troye,
Combiē q̃ plus pour moy de beaucoup on guerroye.
                                            Mais

ÆNIGME.

Mais ma pompe & folie, abus & fauceté
La surpasse bien tant que iour obscurité.
Ie vay, ie vië, ie cour, ie fay crainte aux humains,
Et n'ay glaiue ou couteau, teste, bras, piez ne mains.
Je n'ay faueur au cieux, rien ne suis en la terre,
Fors ce que veut l'ignare & l'abus qui l'enserre.
De vieillesse ie suis plus grise que sandree,
Plus vieille de mille ans que qui m'a engendree.
Selon qu'on croit & tient, i'ay peres à foison,
Deuine qui voudra. Voicy mieux ma façon,
A la vuide vessie on me peut comparer, (serrer:
Que l'homme enfle et accroit tant qu'elle en peut
Mais donant lieu au vent la rend si vuide et nue
Come me voit qui sait dont premier suis venue,
Qui a enflé mon corps, corps sans ame ie dis,
Qui m'entretient encor & me soufla iadis.
Qui à l'œil droit ouuert l'aureille desbauchee
Au lict mortel me voit, & ceste desbauchee
Qui m'engendra au temps ennemy de lumiere,
De son amy Pluton aupres d'une chaudiere.
Cachee sous le manteau de la chaste pucelle,
Vnique fille & sœur de Christine la belle.
Sous ce mesme manteau long temps ie fu cachee:
Mais

ÆNIGME.

Mais depuis quelques ans aucũs m'ōt descachee.
Si qu'on me prise moins qu'une petite estule
Diminuee du vent, voire moins qu'une bulle.
Ce nonobstant, ie tien en crainte encor les Rois,
Leur septre assubieti, retrein leurs loix et droicts.
De leurs peuples ie pousse & enfle tant le cœur
Qu'il presume par moy estre sur eux vainqueur.
Que si on me chassoit, librement pourrois faire
Serment à autre Roy qui me voudroit complaire.
Ainsi par faux semblant mainte gent me cherit,
Qui contre mon vouloir m'entretient & nourrit.
Et pour leur payement le cœur leur darde et point
D'un dard qui les rongeant ne les soulage point.
Bref, malheur suit celuy qui m'ayme, sert et suit.
Heureux q̃ seruãt dieu m'acable, et me poursuit.
Car en m'aimãt, aymé de Christ nul ne peut estre.
Or deuineź mõ nom, ma source, et de mõ maistre.

F I N.

www.ingramcontent.com/pod-product-compliance
Lightning Source LLC
Chambersburg PA
CBHW060119170426
43198CB00010B/950